AF476069

L'Éducation du peuple après l'école

PAR

Gustave VALLAT
Docteur ès lettres
Censeur du lycée Gay-Lussac

PARIS
LIBRAIRIE DE LA FRANCE SCOLAIRE
17, RUE GUÉNÉGAUD, 17

1898

Réorganisation des cours d'Adultes, par J. Bonsens 0 50
Lettre sur l'Education, par C.-M. Savarit. . . . 1 »»
Des Bases classiques allemandes, par Léon Riotor 0 75
L'Ecole et le Suffrage universel, par Paul Chauvet. 0 15
A la Jeunesse de France, par un vieil homme du siècle . . . . 1 »»
La Vie au Régiment, par J. Mahieux, ancien officier. 0 70
Le Service en campagne, par J. Mahieux 0 70
La France Scolaire, 1re collection brochée, 1894-95, in-8, sur 2 colonnes . . . . 13 »»

BIBLIOTHÈQUE SCOLAIRE

Le Cercle Populaire d'enseignement laïque, 3e mille 0 60
L'Association amicale de la rue d'Aligre. . . 0 25
L'Association philotechnique. 0 30
La Société philomatique de Bordeaux 0 30
La Société nationale des Conférences populaires 0 30
L'Association Taylor des Membres de l'Enseignement, 2e édition 0 60
La Ligue de l'Enseignement, *souscription de la Ligue* 0 60
Anthologie des Instituteurs-Poètes, par M. Besson et M. Abadie, *souscription du Ministère de l'Instruction publique,* 2e édition. . . . . 3 »»
Aïeux et Descendants, par Alphonse Bévylle. . . 0 60
A pied, de Paris à Saint-Pétersbourg et Moscou, par G. Grandin . . . . 2 »»
A pied, de New-York à Chicago, par G. Grandin 1 »»
A pied, à travers le Sud-Algérien, — 2 »»

SAINT-AMAND, CHER. — IMPRIMERIE BUSSIÈRE FRÈRES.

l'Éducation du peuple après l'école

l'Education du peuple après l'école

PAR

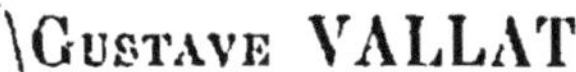

GUSTAVE VALLAT

Docteur ès lettres

Censeur du lycée Gay-Lussac

PARIS

LIBRAIRIE DE LA FRANCE SCOLAIRE

17, RUE GUÉNÉGAUD, 17

1898

AVANT-PROPOS

Ce petit ouvrage se recommande avant tout par sa simplicité *et sa* brièveté, *car il est écrit pour le perfectionnement moral du plus grand nombre.*

*On ne peut se dissimuler que l'avenir de la Société Française dépend aujourd'hui uniquement de l'*Education du peuple *non pas seulement* à l'Ecole *mais encore* après l'Ecole.

Il faut donc, si nous aimons véritable-

ment notre patrie, travailler avec tout notre cœur à cette seconde éducation aussi importante au moins que la première, et tâcher d'inculquer dans l'âme des plus humbles, au plus profond des couches sociales, le culte du devoir et de la liberté qui seul fait la force et la grandeur d'une nation.

Rappelons-nous sans cesse le mot si profond et toujours vrai de Danton : « Après le pain, l'éducation est le premier besoin du peuple. »

L'ÉDUCATION DU PEUPLE

APRÈS L'ÉCOLE

UNE TROUVAILLE

A la suite d'une excursion dans le Morvan pendant le mois de juin dernier, je me promenais aux environs de Rémilly, quand par hasard je trouvai dans un sentier qui longe un bois d'acacias un portefeuille en maroquin vert. Je l'ouvris : il ne contenait qu'une très longue lettre signée d'un nom inconnu : « Jacques Bonhomme. » J'y jetai distraitement un coup d'œil ; mais, frappé tout d'abord de l'excellence des idées, je la lus attentivement et je me mis aussitôt en quête de son propriétaire; car elle valait la peine d'être conservée. J'y parvins plus facilement que je ne le croyais : *Jacques Bonhomme* était connu dans tout le pays pour sa probité et son attachement à la terre qu'il cultivait avec la vigueur d'un jeune homme, bien qu'il fût déjà vieux. Je le félicitai cordialement de penser et d'écrire si bien. Il me dit alors avec un sentiment d'orgueil facile à comprendre, en parlant de son fils, que c'était bien autre chose, et il me fit lire la réponse à la lettre en question. Elle faisait effectivement le plus grand honneur au jeune homme qui l'avait écrite.

Dans la ferme conviction que ces deux lettres, œuvres si estimables de braves travailleurs, toujours bien attachantes quoiqu'elles soient vieilles de presque cinq ans, pourraient contribuer au perfectionnement moral du peuple, je demandai spontanément à Jacques Bonhomme la permission de les publier. Il me l'accorda très volontiers, sans oser espérer qu'elles auraient le résultat que j'en attends.

LETTRE

D'UN VILLAGEOIS A SON FILS

Rémilly (Nièvre), ce 5 octobre 1891.

Mon cher Richard,

L'expansion si franche avec laquelle tu me racontes tout ce que tu fais depuis bientôt deux ans que tu es à Paris, me cause le plus grand plaisir : elle montre que tu comprends toujours, et c'est à ton honneur, qu'un fils ne peut avoir de confident plus dévoué, d'ami plus sûr que son père.

Cependant, à te parler à cœur ouvert, comme du reste tu le fais avec moi, je suis attristé de te voir, malgré ton gros bon sens, donner tête baissée dans certaines extravagances du jour : tu es bien jeune, il est vrai, puisque tu vas avoir seulement dix-neuf ans à la Saint-Martin ; c'est pourquoi j'aurais mieux aimé te garder auprès de moi : nous aurions cultivé ensemble notre champ. On respire à la campagne un air plus sain que dans les grandes villes, surtout on ne s'y monte pas la tête comme à Paris. Enfin, je n'ai point de reproche à me faire à ce sujet, car c'est bien contre mon gré que tu as abandonné la charrue pour te faire ouvrier typographe. J'ai assez bataillé avec ta pauvre mère, un cœur d'or, mais trop ambitieuse pour toi. Il faut dire aussi que l'instituteur, un brave homme s'il en fut jamais, mais d'un esprit trop aventureux, dans son estime pour toi, l'a persuadée que tu étais trop instruit et trop intelligent pour passer ta vie à travailler la terre. Il lui a fait entrevoir un avenir si brillant pour toi qu'elle m'a déclaré tout net que, si je persistais à ne pas vouloir que tu devinsses imprimeur, elle en mourrait de chagrin. Je la voyais si malheureuse que j'ai fini par céder, et tu es parti !... Mais trève à mes plaintes. Ce qui est fait est fait ; n'en parlons plus. Tu aimes ton métier : c'est un grand point, pourtant ce n'est pas tout. Tu n'y réussiras complètement qu'à condition de t'y donner entièrement et de ne pas te laisser détourner de tes occupations sérieuses par des songe-creux ou des gens de mauvaise foi.

Tu me dis que tu vas tous les soirs dans

un club de communistes. Je crains fort que la fréquentation de ces politiciens ne te soit préjudiciable. Certes tu es, comme moi, un vrai républicain, et tu as raison de l'être, parce que la République est non seulement le gouvernement qui nous divise le moins, mais encore un gouvernement à bon marché (c'est à considérer), honnête et juste par excellence, qui respecte et fait respecter la propriété et les droits de chacun. Eh bien! sois sûr qu'il n'a pas de pires ennemis que les socialistes, qui voudraient le partage de tous les biens.

« La propriété, disent-ils, c'est le vol. » Si dans certains cas ce principe est vrai, en général il est faux. Ainsi l'hectare de terre que je possède et d'où je tire ma subsistance, je l'ai payé mille beaux écus que j'avais gagnés à la sueur de mon front et que j'étais parvenu à mettre de côté en me privant souvent du nécessaire. Combien d'autres gens dans le canton et ailleurs, quoi! par toute la France, ont fait comme moi! Je ne connais dans le pays que le père Mathurin qui soit arrivé, par des moyens déshonnêtes, à agrandir ses champs : il faisait partie jadis de la bande noire et, pour s'enrichir, n'hésitait pas à affamer le peuple. C'était aussi un marchand de biens qui profitait de la gêne extrême des petits propriétaires pour acheter à vil prix leur pré ou leur maisonnette. A coup sûr, la propriété de Mathurin est le résultat du vol. Voilà un fait incontestable. Suppose un instant que je n'aie pas un sou vaillant ni un coin de terre à moi. Ai-je le droit pour cela de prendre la moitié du bien de Mathurin? Tu me diras que son bien est un bien mal acquis, soit. Mais il ne m'appartient pas : du moment où je lui en prends une partie, je deviens à mon tour un voleur. Je ne m'arrête pas là ; suis bien mon raisonnement : quand bien même le père Mathurin consentirait au partage de son bien, je ne pourrais l'accepter qu'au prix de ma déchéance morale. En effet, lorsqu'on est honnête, on n'accepte pas la part d'un vol : on ne saurait admettre le partage d'un bien qu'à deux conditions, la première que ce bien aurait été honnêtement acquis, la seconde, que le partage serait fait d'un commun accord. Mais combien trouverait-on d'honnêtes propriétaires capables d'un si beau désintéressement à l'égard d'honnêtes prolétaires ? Très peu, pour ne pas dire point. Du reste, ce n'est pas à un partage de ce genre que peut mener le fameux principe : « La propriété, c'est le vol. » On va loin, vois-tu, avec de pareilles idées. Autant que je puis en juger, les communistes, qu'on appelle généralement des partageux, sont ou des utopistes ou des fainéants qui voudraient vivre aux dépens des travailleurs. Ils s'entendent très bien sur plus d'un point, quoique tu en puisses dire, avec les anarchistes qui osent se faire des titres de gloire du nombre de leurs condamnations judiciaires, et c'est à l'envi que les uns et les autres fomentent les grèves, c'est-à-dire la guerre contre le patron. Mais quels sont ceux qui se révoltent contre le patron ? Presque toujours les mauvais ouvriers. Car le patron honnête et intelligent sait bien s'attacher les bons en augmentant leur salaire, sans y être forcé le couteau sur la gorge. Il y a même des patrons qui saisissent toutes les occasions de reconnaître généreusement les bons services de leurs ouvriers, soit en leur faisant des dons personnels, soit en versant à la caisse de retraite qu'ils ont instituée des sommes considérables destinées à élever sensiblement la pension en proportion de la durée des services.

Si par malheur un brave ouvrier tombe entre les mains d'un patron avare et déshonnête, il n'a qu'une seule chose à faire, c'est de le quitter sans tapage, sans colère, sans menace, et d'aller offrir ses précieux services à un autre patron de bonne réputation. Pour moi, je le déclare hautement, je n'ai jamais vu un bon ouvrier sans travail. Quand on sait travailler, on trouve toujours de la besogne ; le principal est de le vouloir, et c'est un devoir pour chacun de le vouloir; car la République est comme une ruche immense qui ne se soutient et ne devient florissante que par le travail constant de tous ses membres, et dont les grévistes mettent en péril la prospérité, puisqu'ils arrêtent sur quelques points la marche du travail. Les malheureux! Ils oublient cette grande vérité, vieille comme le monde: « Il faut vivre pour les autres, si tu veux vivre pour toi-même ». Et les premiers ils sont victimes de leur attentat à la solidarité humaine.

Mais à qui revient, je te le demande, la responsabilité du mal? Aux instigateurs des grèves, les communistes et les anarchistes.

Crois-moi, mon cher Richard, tu es un ouvrier laborieux, rangé, économe. Tu mets chaque semaine quelques sous de côté, en un mot, tu capitalises, et je t'approuve fort. Eh bien! ta place n'est pas plus dans un club de communistes que dans un club d'anarchistes, mais dans une société de prévoyance ou de secours mutuels. Voilà des associations que je te recommande, parce qu'elles sont utiles et salutaires.

C'est un tort de te vanter d'avoir, en compagnie de libres penseurs, fait un mauvais parti à ces pauvres fous qu'on appelle les *Salutistes*. Tu ne t'es pas montré, permets-moi de te le dire, plus sensé dans ton genre qu'eux dans le leur.

Voyons, soyons logiques. Si tu veux la liberté pour toi, il faut la vouloir pour les autres. Chacun a le droit d'adorer Dieu à sa manière. Quoique je n'aille jamais à la messe, ce qui ne m'empêche pas par parenthèse d'être un croyant, je ne tourmente ni ne raille ceux qui y vont, et j'entends qu'on agisse de même à mon égard. La liberté de conscience est une des plus précieuses conquêtes de la Révolution. Sachons la conserver et ne prêtons jamais la main à l'oppression, quelque drapeau qu'elle arbore. Si tu veux qu'on respecte ta liberté, respecte celle d'autrui. Il est une vieille maxime toujours bonne ; je l'observe rigoureusement et je te la recommande : « Ne fais pas aux autres ce que tu ne voudrais pas qu'on te fît à toi-même. » Pour moi, je n'aime point les libres penseurs qui, aussi intolérants à leur façon que les sectaires religieux les plus fanatiques, se glorifient, pour la plupart, de professer une doctrine non moins désolante que dangereuse, l'athéisme, c'est-à-dire la négation de Dieu, cet idéal de sainteté, de bonté, de justice, de vérité, dont le culte fait l'unique force de bien des âmes et peut être considéré jusqu'à un certain point comme la meilleure sauve-garde morale de l'humanité. Fuis, mon fils, la société de tels hommes, et garde soigneusement cet idéal dans ton cœur.

Mais dis-moi, te figures-tu vraiment être un ardent patriote parce que tu as pris part à la manifestation antiwagnérienne, lors de la première représentation du *Lohengrin* à l'Opéra? Je commence par te dire que je ne comprends point de telles manifestations, par la raison bien simple que l'art, comme la science, n'a pas de patrie. Quelle était donc ton intention ? Qui voulais-tu atteindre? Wagner? L'homme est mort et son œuvre est immortelle. La Prusse? Mais rien ne peut lui être plus agréable qu'une manifestation aussi sotte ; car tu lui permets ainsi de dire avec un semblant de raison que les Français sont toujours les mêmes, des agitateurs et des provocateurs. Tu voulais aussi aller à l'ambassade d'Allemagne casser les vitres. C'était le comble de l'aberration. Tu connais le proverbe : « Qui casse les verres les paye. » Si vous étiez arrivés à vos fins, la France eût été obligée non seulement de payer le vitrier, mais encore d'adresser des excuses à son orgueilleuse ennemie. Quelle humiliation pour le bel exploit de mauvais garnements tous plus lâches les uns que les autres ! Car si tu es brave, mon pauvre ami, la plupart de ceux qui manifestaient avec toi ne le sont guère : s'il eut fallu partir pour la guerre à la suite de cette manifestation, combien de ces braillards eussent pris leurs jambes à leurs cous et se fussent dérobés à l'appel de la patrie ! Le vrai patriotisme s'affirme non par des cris, du tapage et des violences, mais par des actes en temps opportun.

Tu possèdes ce qu'il serait à souhaiter que tout citoyen français possédât au moins, à l'époque où nous sommes, une bonne instruction primaire. C'est du pain sur la planche. Cela peut te suffire présentement. Mais combien y a-t-il de choses importantes que tu ignores ? J'ai vu dans le journal que tous les soirs il y a à Paris des cours organisés par une association dite philotechnique et que ces cours sont fréquentés par bon nombre d'ouvriers. Ceux-là sont sages et prévoyants. Je t'engage à faire comme eux et à suivre régulièrement celui de ces cours qui sera le plus à ta convenance : tu y apprendras ce que tu ne sais pas ou que tu ne sais qu'imparfaitement et qui peut t'être utile plus tard. Cela te vaudra certainement mieux que d'aller au club des communistes et de manifester avec les libres penseurs ou les antiwagnéristes. On ne regrette jamais d'avoir trop de connaissances ; on peut regretter un jour de ne pas en avoir assez.

J'ai entendu dire qu'il y avait à Paris des bibliothèques ouvertes au public le soir comme le jour. C'est, à mon avis, une excellente institution dont il faut profiter. Je te conseille d'y aller le plus souvent que tu pourras. Je souhaite que tu aimes la lecture autant que moi : tous les soirs, bien que j'aie la vue très affaiblie et que je sois forcé de me servir de lunettes, je lis quelques pages d'un ouvrage utile concernant l'histoire de notre pays ou les questions agronomiques. Malheureusement, ma bibliothèque ne se compose que de quelques livres ; seulement ce sont de bons livres, des amis solides et sûrs que je consulte toujours avec fruit. Tu auras à ta disposition, dans ces salles de lecture, autant de livres que tu en voudras, et, sous ce rapport, tu seras mieux partagé que moi. Mais il y a un danger à éviter, celui de dissiper ton esprit, en lisant rapidement toute espèce d'ouvrages. Il faut faire un choix et t'habituer à lire de préférence ce qui est relatif à ta profession et par conséquent aussi intéressant que profitable pour toi, en allant lentement pour bien comprendre ce que tu lis.

Le théâtre de temps à autre est aussi une bonne chose : il peut t'offrir le double avantage de te divertir en t'inspirant des sentiments nobles et courageux. Toutefois il faut choisir la pièce. Rien de mieux que d'assister par exemple à la représentation de *Charlotte Corday*, de *Marceau* ou *La Victoire*, de *Patrie*, de *Jeanne d'Arc*. A coup sûr, d'un tel spectacle tu sortiras content, meilleur et plus fort. Si tu ne connais pas la pièce, attends, avant d'aller la voir jouer, d'en avoir lu l'analyse dans quelque journal ; c'est le moyen de ne pas t'exposer à regretter d'avoir dépensé ton argent pour entendre des inepties ou des turpitudes.

Souviens-toi, à ce propos, que, s'il est bon de fortifier chaque jour davantage ton esprit, il est indispensable de fortifier aussi chaque jour de plus en plus ton cœur, de travailler sans cesse à ton perfectionnement moral ; car *la science sans la conscience n'est que la ruine de l'âme.* Cette pensée profondément vraie est de Rabelais, grand philosophe satirique du XVIe siècle, dont je connaissais à peine le nom il y a huit jours et sur le génie duquel je viens de lire par hasard une attachante brochure d'une cinquantaine de pages, écrite pour l'instruction du peuple. Je te l'enverrai prochainement, elle te montrera combien ce penseur géant de la Renaissance a contribué à l'avancement intellectuel et moral de la France, en te dévoilant l'œuvre de vérité et de justice qu'il a accomplie sous le masque de la folie.

Je reviens à la question qui nous occupe. Rappelle-toi bien, mon cher Richard, que le premier devoir d'un honnête homme, et il faut avant tout être honnête, est de ne nuire à personne. Mais ce principe de morale est insuffisant pour un cœur généreux. On doit, dans la mesure du possible, toutes les fois que l'occasion s'en présente, rendre service à son prochain matériellement et moralement. Or, tu arriverais fatalement à faire tout le contraire, si tu continuais à fréquenter des exaltés ; car tu ferais, comme eux, provision de haine contre les hommes qui ne partagent pas tes idées en politique et en religion et tu ne chercherais qu'à leur faire du mal, foulant aux pieds la raison et l'humanité. Il faut s'éclairer et s'aider mutuellement : telle est la loi fondamentale de la grande famille humaine. Quiconque viole cette loi est un fou ou un criminel. Dieu te préserve de devenir jamais l'un ou l'autre !

Mais il n'est pas moins nécessaire de fortifier le corps ; tu as donc raison d'aller le dimanche soit au jeu de paume, soit en canot. Le maniement de la rame peut remplacer celui de la bêche et donne de la vigueur aux muscles. Dans le grand hiver, tu feras bien de faire de longues courses et beaucoup de gymnastique. C'est la meilleure hygiène pour un jeune homme. Tu arriveras ainsi à être aussi fort au physique qu'au moral. La France a autant besoin de bras vigoureux que de cœurs vaillants. C'est sur le peuple qu'elle fonde à juste titre ses plus chères espérances.

Dans un an tu seras soldat et je m'en réjouis ; en effet, je l'ai été moi-même et je sais par expérience que le régiment est en somme pour un jeune homme la meilleure école de la discipline, du devoir et du patriotisme. Qu'alors la guerre éclate, et sans cris, sans bruit, sans manifestation, sans forfanterie tu défendras courageusement ta patrie, notre chère France, contre l'étranger, et, s'il le faut, j'en suis sûr, tu donneras tout ton sang pour elle, car tu es mon digne fils. Vois, je suis vieux et fatigué : j'ai fait toutes les guerres du second empire et, en qualité de volontaire, la terrible campagne de 1870, d'où je suis revenu avec des blessures graves dont je souffre toujours. Eh bien ! malgré toutes mes misères, malgré mes soixante ans sonnés, si la France était en danger, j'aurais encore assez de force pour m'engager sur l'heure et courir l'un des premiers aux avant-postes. Voilà ce que j'appelle le vrai patriotisme. C'est au régiment que je l'ai acquis et sur les champs de bataille que je l'ai montré.

Quand tu reviendras de l'armée, il faut

bien l'espérer pour la joie de ta bonne mère et pour la mienne, tu auras vingt-trois ans. C'est un bon âge pour se marier. Tu connais la nièce de notre voisin Pierre, la Louise, à peine âgée de seize ans, la plus belle fille du canton, brillante de santé, fraîche comme une rose, gaie comme un pinson et avec cela sage, bonne, douce, travailleuse, économe. Entre nous, je sais qu'elle ne t'est pas indifférente et je crois qu'elle tient pour toi ; car elle est souvent à la maison, et, quand je dis que j'ai reçu une lettre de toi, elle devient toute rouge, et d'une voix émue elle demande de tes nouvelles. Tu feras bien de la prendre pour femme. Elle a du bien, ce qui ne nuit pas en ménage, et, de plus, toutes les qualités pour faire ton bonheur. Je crois que tu feras aussi le sien. Vous êtes en effet deux cœurs droits et aimants, nés l'un pour l'autre. Tu suivras ainsi mon exemple. Pour être un bon citoyen, vois-tu, il ne suffit pas de n'être ni un démagogue, ni un fanatique, il faut encore conserver intact le culte de la famille. L'honnête femme attache l'honnête homme au foyer domestique : un brave ouvrier, quand il a une compagne digne de lui, n'est jamais tenté de courir les cabarets et de se livrer à l'alcoolisme, le pire des fléaux. Il place ses économies à la caisse d'épargne et le voilà capitaliste, en voie de devenir propriétaire. Les enfants viennent, resserrant les liens du mariage. Le père comme la mère comprennent qu'ils ont charge d'âmes, qu'ils doivent travailler en commun à élever leurs enfants dans la pratique du bien, qu'il est aussi de leur devoir de les envoyer à l'école tout le temps nécessaire pour en faire des hommes probes, sages, suffisamment instruits, capables d'être utiles à eux-mêmes, à leurs semblables et à la patrie. L'amour de la famille, du travail, de la patrie, et le sentiment religieux qui consiste à *croire le vrai et à aimer le bien*, voilà les conditions primordiales de prospérité et de bonheur pour chacun de nous comme pour le peuple entier.

Je me résume. « Fais ce que dois », fermement convaincu que la bonne conduite, le travail et la persévérance n'échouent jamais, et, que tu deviennes un jour un grand imprimeur (je le désire de tout mon cœur pour la réalisation du beau rêve de ta pauvre mère, et je n'y vois rien d'impossible : l'illustre Franklin avait bien commencé comme toi) ou que tu restes un modeste ouvrier typographe, tu seras toujours, j'en suis certain, un honnête homme, un bon citoyen, un vrai patriote, et tu vivras heureux, fier de toi, respecté de tous.

Je sais que tu tiens plus à une bonne réputation qu'à la fortune, à l'honneur qu'à la vie; car je t'ai élevé dans ces principes qui n'ont jamais cessé d'être les miens, et j'ai pleine confiance que, quels que soient les coups du sort ou les séductions malsaines du monde, tu y demeureras constamment fidèle.

N'oublie pas qu'il existe encore de bonnes gens de l'ancien régime qui ne savent ni l'heure qu'il est, ni le temps qu'il fait. Ils s'imaginent dans leur simplicité que le peuple de France est toujours un animal stupide et farouche, qu'il faut tenir muselé et enchaîné. C'est à toi, mon fils, et à la génération actuelle des travailleurs, de montrer à ces derniers débris d'un autre âge que le peuple est aujourd'hui tout aussi sage et même plus sage qu'eux, qu'il sait se diriger lui-même avec modération dans la voie de la vérité et de la justice, et que, loin de nuire à la fortune publique, il emploie les forces vives de son intelligence et de son cœur à rendre la France plus forte, plus prospère et plus glorieuse.

Voilà, mon cher Richard, une bien longue lettre ; j'espère que tu la trouveras courte. En tout cas, je suis sûr que tu tiendras compte de mes conseils, sachant qu'ils sont dictés par ma profonde affection pour toi.

Adieu, mon cher enfant, ta mère se joint

à moi pour t'embrasser mille fois bien tendrement.

Ton vieux père,

JACQUES BONHOMME.

P.-S. Ci joint une pensée ; c'est un petit souvenir que la Louise m'a prié de te transmettre de sa part.

LETTRE
D'UN OUVRIER A SON PÈRE

Paris, 16 novembre 1891.

Mon cher père,

Je ne suis pas, tu le sais, de ces jeunes gens qui, tenant leurs parents pour de pauvres vieux radoteurs, rejettent systématiquement leurs avis, et n'en font qu'à leur tête. Loin de là, j'attache la plus grande importance aux excellents conseils que tu me donnes, et je m'efforce d'en profiter.

Il m'a été d'autant plus facile de me retirer de mon club de communistes qu'il a été fermé par ordonnance du préfet de police, à la suite d'une rixe sanglante qu'avait suscitée l'échange de paroles injurieuses entre les orateurs et l'assemblée. J'étais près de la porte ; je dois à cet heureux hasard d'avoir pu m'esquiver avant l'arrivée des gardiens de la paix, non toutefois sans avoir reçu de droite et de gauche force coups de poing. Et c'est le corps tout meurtri, avec deux dents cassées et l'œil droit en compote, que je suis rentré ce soir-là chez moi, jurant, mais un peu tard, qu'on ne m'y reprendrait plus.

J'ai assisté la semaine passée à une représentation du *Lohengrin*. Quel magnifique opéra ! L'action, la mise en scène, la musique, tout est merveilleux ! J'étais dans le ravissement. Les mots me manquent pour exprimer ce que je ressentais en entendant la mélodie du cygne. L'enthousiasme était général. Il semblait que la salle allait crouler sous les applaudissements. En sortant je me disais : « Mon Dieu ! que j'étais sot d'avoir manifesté contre Wagner et que mon père a raison de dire : « l'art comme la science n'a pas de patrie ! ».

La nouvelle que je vais t'apprendre va te transporter de joie. Imagine-toi qu'à mon instigation tous les ouvriers typographes de Paris viennent de fonder une caisse de secours et de retraite. Tout membre de l'association est tenu de verser 5 francs par mois. Moyennant ce versement régulier, il est, en cas de maladie, soigné aux frais communs tout le temps qu'exige l'état de sa santé jusqu'à son complet rétablissement, et, au bout de trente ans, il reçoit une pension annuelle de 300 francs. Pour 10 francs par mois pendant 30 ans la pension est doublée, pour 15 francs elle est triplée et ainsi de suite. Les adhésions ont été unanimes. Quant à moi, je me suis inscrit pour 10 francs par mois et, à mesure que mon salaire augmentera, j'augmenterai mon versement mensuel. Telle est la société de prévoyance et de secours mutuels que j'ai contribué à établir. Je te ferai observer qu'elle est en même temps une société de tolérance politique et religieuse, puisque nous y admettons indistinctement tous les compagnons, et, qu'ils soient opportunistes ou intransigeants, juifs ou protestants, ils sont tous, quand ils en ont besoin, soignés avec la même sollicitude et doivent, dans leurs vieux jours, jouir des mêmes avantages.

Tous les corps de métiers pourraient faire comme le nôtre, et, de cette manière, on ne verrait jamais un honnête ouvrier mourir de misère sur le grabat où la maladie l'a cloué, ou bien, quand il est trop vieux pour travailler, et que le malheur s'est abattu sur sa tête, dans la cruelle nécessité de tendre la main, s'il lui répugne d'entrer à l'hospice.

J'ai lu avec avidité la brochure que tu as eu la bonté de m'envoyer. Quel puissant et heureux génie que ce Rabelais qui sut combattre en se jouant les vices et les abus des grands, et comme l'auteur de la brochure a été bien inspiré de donner à ce philosophe le nom de *bienfaiteur*, puisqu'*il servit la cause de la raison, de la justice, de l'humanité, et que son livre fut pour l'esprit humain un éclatant signal d'affranchissement*.

C'est en folâtrant et avec la meilleure grâce

du monde que ce charmant réformateur traite les questions les plus graves et trace un plan d'éducation nouvelle où les exercices physiques tiennent une place aussi large que les exercices intellectuels. La France ne fait à l'heure actuelle qu'appliquer cet excellent système. En effet, nous faisons tous aujourd'hui, avec plaisir et profit, ce que jadis le bon géant Gargantua faisait seul, c'est-à-dire que nous travaillons sans relâche au développement progressif de notre esprit et de notre corps. A Rabelais revient donc l'honneur de l'idée première de cette éducation régénératrice à laquelle on a grandement raison de nous habituer dès l'école primaire.

Mon patron a, je le sais, l'intention de publier prochainement une édition populaire du roman de Gargantua et de Pantagruel. Je compte le prier de me charger de sa composition. J'aurai ainsi l'occasion d'étudier dans le détail ce précieux monument de notre littérature nationale dont je n'ai encore qu'une vue générale. Je rencontrerai assurément de sérieuses difficultés pour la compréhension des mots; mais, armé de beaucoup de patience et aidé d'un bon glossaire, j'en viendrai bien à bout. Mon patron me chargera d'autant mieux de cette besogne qu'il est très content de moi : je travaille maintenant à mes pièces, et je gagne de 5 à 6 francs par jour. J'espère pouvoir en gagner 7 avant six mois.

Cette brochure m'a décidément donné le goût des recherches. A propos des citations que l'auteur tire de l'édition première de Gargantua, j'ai vu en note que c'est à Geoffroy Tory que nous devons l'introduction des accents, des apostrophes et des cédilles en typographie. J'ai voulu faire connaissance avec ce savant et ingénieux imprimeur du XVIe siècle, et en ce moment je vais le soir, deux fois par semaine, dans une bibliothèque publique où je suis en train de lire son ouvrage. A l'association philotechnique je suis le cours de physique, le plus fréquenté du reste, où l'on nous initie aux applications vraiment merveilleuses de l'électricité.

Les dimanches, quand le temps est mauvais, je vais aux matinées littéraires de l'Odéon où l'on joue les chefs-d'œuvre de la scène française. La dernière fois, j'ai assisté à la représentation d'une tragédie de Casimir Delavigne, *Louis XI*, pièce d'une vérité saisissante et d'un grand enseignement. Je me croyais réellement enfermé dans le sombre et lugubre château de Plessis-les-Tours en compagnie d'un féroce bourreau, Tristan l'Ermite, et de cet abominable tyran dont la crainte n'avait d'égale que la lâcheté. En présence de tant de forfaits accomplis par la royauté, j'avais peine à contenir mon indignation et je me demandais comment il se faisait que la Révolution n'eût pas éclaté trois siècles plus tôt. Mais en y réfléchissant, je compris que le peuple d'alors n'était pas encore mûr pour la liberté et qu'il lui fallait souffrir encore l'oppression pendant trois cents ans, pour être en âge et en force de secouer le joug. Quel immense service nous ont rendu nos vaillants aïeux en nous donnant, au prix de leur sang, toutes les libertés dont nous jouissons maintenant! Comme nous devons leur être reconnaissants et surtout avec quel soin jaloux nous devons nous appliquer non seulement à les conserver mais encore à en faire le meilleur usage pour les affermir de plus en plus?

J'oubliais de te dire que je fais partie d'un club athlétique où je vais tous les dimanches de 9 heures à 11 heures du matin. Pour être membre de ce club, il faut être suffisamment fort en gymnastique. On fait du reste subir un examen tout pratique aux candidats avant de les admettre. Les exercices en honneur dans ce club sont l'escrime, la boxe, la course à pied, en canot, en bicycle. Il n'y a pas un exercice que je néglige, et je m'en trouve très bien. Quand je suis parti, j'étais maigre, fluet, dépourvu de force musculaire. Tu ne me reconnaîtrais pas, si tu me voyais aujourd'hui, tant je me suis développé : ma poitrine s'est élargie, mes bras et mes jambes ont grossi ; j'ai acquis autant de souplesse que de vigueur et il me semble que mes muscles sont d'acier, tant l'action physique me coûte peu, quelque forte, difficile et prolongée qu'elle soit. Les exercices les plus violents ne sont maintenant que jeux pour moi. Enfin j'ai une santé superbe. Il est vrai que je mène une vie très régulière. Je suis ordinairement au lit à 10 heures du soir et à l'atelier avant 8 heures du matin. Jamais je ne fais de bamboches comme quelques-uns de mes confrères qui, passant souvent leur nuit du dimanche à danser et à boire, sont le lundi dans l'impossibilité de travailler. Quelquefois ils se sont tellement fatigués qu'ils ne peuvent reprendre leur travail de deux ou trois jours. Ils perdent ainsi 6 ou 7 francs par jour, sans compter qu'ils ruinent leur santé. J'ai entrepris de leur faire comprendre combien une telle vie devait leur être funeste sous tous les rapports, et je ne désespère pas de réussir à les rendre plus raisonnables.

Il faut que je te raconte un incident dont j'ai eu lieu de me réjouir.

Je me promenais le dimanche 1er novembre avec un ami près de Vincennes, lorqu'un vieux monsieur, à l'air fort respectable, qui marchait seul devant nous, tomba tout à coup en faiblesse. Il n'y avait personne pour nous aider. Nous l'étendîmes sur un banc, je lui frappai la paume des mains, tandis que mon ami défaisait son col pour lui permettre de respirer plus à l'aise; mais le vieillard restait toujours inerte. Nous étions fort perplexes. Par bonheur vient à passer un fiacre vide; nous nous y installons, tant bien que mal, avec notre pauvre malade, et quelques minutes après nous arrivons à Vincennes. Nous le transportons dans la pharmacie la plus proche, et, grâce aux frictions énergiques qu'on lui fait, il finit par reprendre connaissance. Il est très fatigué et il parle difficilement. Il donne son adresse et veut rentrer tout de suite à son domicile à Paris, rue Saint-Honoré, si bien que nous nous faisons un devoir de le reconduire. Nous remontons donc en voiture. Pendant le trajet, je me disais que la figure de ce vieillard ne m'était pas étrangère. Je rassemblais mes souvenirs. Plus je le regardais, plus il me revenait... Oui, c'était bien lui, un de ces salutistes que j'avais poursuivis de mes invectives et de mes moqueries. Je craignais qu'il ne me reconnût, et ce n'était pas sans inquiétude que j'attendais le moment où il nous parlerait distinctement. Il ne tarda pas à recouvrer l'usage de la parole. « O mes amis, dit-il, que vous êtes bons et charitables ! Comment pourrais-je reconnaître le service que vous venez de me rendre ? Si jamais je puis vous être de quelque utilité, n'hésitez pas à recourir à moi », et il me tendit sa carte où je lus : Marquis de Saint-Evremont. Nous étions arrivés devant son hôtel. Il nous pressa vivement d'entrer. Nous refusâmes et nous repartîmes sur-le-champ. Chemin faisant, je me disais : « Que je suis heureux d'avoir pu, en partie du moins, réparer ma faute ! »

Mais je m'aperçois qu'il est dix heures et demie. Malgré le plaisir que j'éprouve à causer avec toi, mon bon père, je me vois obligé d'y mettre un terme. Car il est tard, et il faut précisément que je sois demain à l'atelier de meilleure heure que de coutume pour un travail pressant.

Dis à ma bonne mère qu'à la morte saison prochaine j'irai sûrement passer un mois à la maison. Je m'en fais une fête. Embrasse-la pour moi comme je t'embrasse mille fois de tout cœur.

Ton fils dévoué,

RICHARD.

P.-S. — Je te prie de dire à Louise que son petit souvenir m'a vivement touché et que de mon côté je pense souvent à elle. Tu recevras en même temps que ma lettre une petite boîte, où il y a un bouquet de violettes et un bouquet de myosotis. Tu remettras en mon nom l'un à ma mère et l'autre à Louise. Pour les femmes les fleurs parlent souvent mieux qu'une lettre.

EPILOGUE

Presque cinq ans se sont écoulés depuis le jour où Richard écrivait à son père la lettre qu'on vient de lire et celui où elle est publiée. Tout le monde, je le suppose, sera bien aise de savoir ce que ce jeune ouvrier est devenu.

Il a fini son service militaire.

Son père m'a dit que pendant les trois ans qu'il a passés sous les drapeaux, il a toujours été un soldat modèle. Je n'ai pas de peine à le croire, puisque le résultat le prouve. En effet, Richard est revenu de la campagne du Dahomey avec les galons de sergent-major et la médaille militaire que lui a value un acte héroïque lors de la prise d'Abomey. Dès son retour, il s'est marié avec sa chère Louise et il vient de reprendre son métier avec autant d'ardeur que de courage.

Le père Jacques se glorifie, à juste titre, d'avoir un tel fils.

CONCLUSION

J'estime que tous ceux qui, pourvus simplement d'une bonne instruction primaire, auront lu ces deux lettres, en sauront assez, s'ils le veulent, pour se diriger eux-mêmes, en toute connaissance de cause, dans la voie du devoir et de la liberté.

Ils comprendront que, pour devenir un homme de progrès, dans l'ordre moral, il n'est pas indispensable d'étudier pendant de longues années et qu'en somme il est beaucoup moins important d'acquérir un vaste savoir que la connaissance du bien ; car la *science sans la conscience*, comme l'a dit fort justement notre grand écrivain national Rabelais, *n'est que la ruine de l'âme.*

Il faut, avant tout, travailler, et c'est le point essentiel, à être *honnête*, *juste* et *tolérant.*

C'est à la grande école de la vie qu'on apprend, souvent trop tard, combien il en coûte d'avoir méconnu cette simple vérité.

Que les plus humbles des travailleurs s'en pénètrent et qu'ils s'appliquent de tout leur cœur à l'observer.

Le culte du devoir et de la liberté assurera leur élévation et leur prospérité.

TABLE

Saint-Amand (Cher.) — Imp. DESTENAY, Bussière Frères.

Librairie de la FRANCE SCOLAIRE

INSTRUCTION PUBLIQUE

L'Ecriture moderne, nouvelle méthode, par C. Jeannot, instituteur à Paris. *Manuel du Maître.* 1 »

Méthode de Lecture et d'Orthographe, par P.-F. Aupetit, instituteur de l'Allier. *Livre du Maître.* . . . . 1 »

100 Récitations, cours élémentaire, par V. Cavros, instituteur 0 60

Les Voix de l'Aurore, lecture et récitation, par J. Courboil, instituteur. 0 75

Traité populaire sur l'Air atmosphérique par Eugène Hoffmann, professeur 1 60

L'Hygiène du Paysan, par le Docteur Buel, délégué cantonal 1 20

Résumé de Sciences usuelles, par F. Lechantre, instituteur 1 10

La Science des chiffres, par J. Laffaille . . . . . 5 »»

Histoire de France en 1000 mots, par Edouard Achard. 0 50

ÉDUCATION PUBLIQUE

Les Patronages Scolaires, par Edouard Guiet, instituteur (*Souscription de la Ville de Paris pour ses Bibliothèques*). 0 60

La Conférence populaire, par Edouard Guiet, instituteur 0 60

L'Education populaire, Documents Officiels, 1894-95, 2e édition . . . . 2 »»

L'Education primaire, 13 réponses à un Questionnaire . . . . 1 »»

www.ingramcontent.com/pod-product-compliance
Ingram Content Group UK Ltd.
Pitfield, Milton Keynes, MK11 3LW, UK
UKHW020326220726
13923UKWH00003B/1389